AMÉM, MARCOS!

O LIVRO OFICIAL DE FOTOS DO SANTO

CESAR GRECO

AMÉM, MARCOS!

O LIVRO OFICIAL DE FOTOS DO SANTO

UNIVERSO DOS LIVROS

© **2012 by Universo dos Livros**
Todos os direitos reservados e protegidos pela Lei 9.610 de 19/02/1998.
Nenhuma parte deste livro, sem autorização prévia por escrito da editora, poderá ser reproduzida ou transmitida sejam quais forem os meios empregados: eletrônicos, mecânicos, fotográficos, gravação ou quaisquer outros.

Diretor editorial
Luis Matos

Editora-chefe
Marcia Batista

Assistentes editoriais
Bóris Fatigati
Raíça Augusto
Raquel Nakasone

Arte e capa
Francine C. Silva
Karine Barbosa
Wellinton Lenzi

Pesquisa iconográfica
Andre Minoru Nakasone

Legendas
Mauro Beting

Agradecimento
Foto Arena

Dados Internacionais de Catalogação na Publicação (CIP)
(Câmara Brasileira do Livro, SP, Brasil)

U58m   Universo dos Livros.
        Amém, Marcos! : o livro oficial de fotos do santo / Universo dos Livros. São Paulo: Universo dos Livros, 2012.
        200 p.

        ISBN 978-85-7930-351-7

        1. Marcos Roberto. S. Reis (goleiro). 2. Biografia. 3. Futebol. I. Título.

                                              CDD 927.96334

Universo dos Livros Editora Ltda.
Rua do Bosque, 1589 • 6º andar • Bloco 2 • Conj. 603/606
Barra Funda • CEP 01136-001 • São Paulo • SP
Telefone/Fax: (11) 3392-3336
www.universodoslivros.com.br
e-mail: editor@universodoslivros.com.br
Siga-nos no Twitter: @univdoslivros

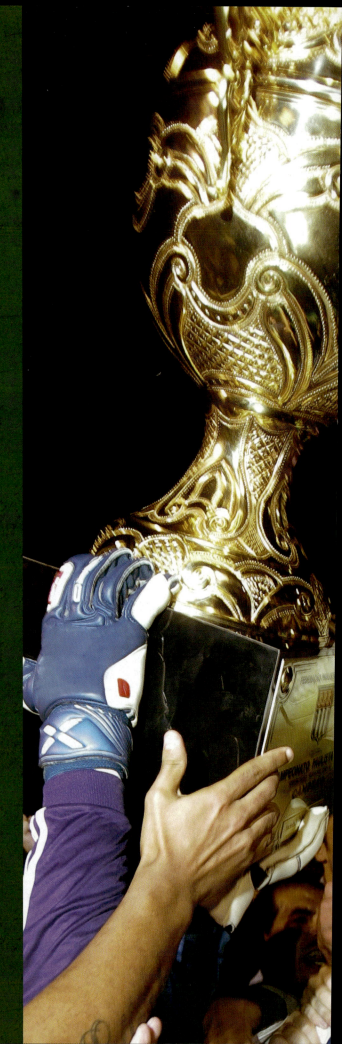

Prefácio 7

Palavra santa 11

Milagres da vida! 13

É o melhor goleiro do Brasil! 16

Palavra do torcedor 198

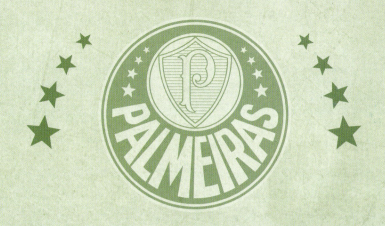

PREFÁCIO
Ver para crer

Fui coroinha e secretário de um brasileiro cuja vida está sendo estudada pelo Vaticano em um processo de beatificação. É o padre Donizetti, lá de Tambaú, interior de São Paulo, minha terra.

Como a sua Oriente, Marcos. Ao lado daquele homem de Deus, vi e vivi muitas coisas que não têm explicação. Apenas fé. Assim como não têm explicação muitas de suas ações, defesas, palavras e orações, Marcos. Ao longo de vinte anos de nossa paixão: o Palmeiras. Para quem viu de perto o que o padre Donizetti fez pelos romeiros em Tambaú, para quem torceu de perto – como um verdadeiro devoto do anjo da guarda palestrino –, atesto e dou fé que conheço duas pessoas abençoadas. Você pode até não achar. Mas, para nós, palestrinos de verde e de credo, doentes de paixão, você é são. Você é santo.

Fui repórter esportivo por cinco anos. Em 1961, vi o Pelé fazer um gol no Maracanã que me inspirou a dar uma placa a ele – a que gerou a expressão "gol de placa". Desde que o vejo na nossa meta, Marcos, a partir de 1996, gostaria de ter continuado na imprensa esportiva só para coroá-lo com honras. Especialmente na Libertadores de 2000 (contra quem, não preciso dizer). Mas, pensando bem, melhor ter seguido como jornalista econômico. Assim, nunca tive de criticá-lo pelas poucas falhas que cometeu em sua limpa carreira – tão limpa como seu caráter. Pelo contrário. Apenas o aplaudi pelas defesas do tamanho do nosso clube. Não carreguei o dever da crítica. Apenas o prazer, o privilégio e a honra de ser mais um devoto de São Marcos do Palestra. Do Pacaembu. De Yokohama. Do mundo todo, que foi seu em 2002.

Como maravilhoso santo de casa, você não fez milagres apenas em nosso lar. Você fez de tudo em outros campos e cantos. Por estes dias e semanas, estou bem perto do Morumbi – estádio onde você foi canonizado, em maio de 1999. Estou de cama tentando melhorar de uma doença complicada. Por isso, escalei o Mauro, que você conhece, para me ajudar a botar no papel um pouco do tudo que você fez por nós. Meu filho, que costuma dizer que você, Marcos, e eu, Joelmir, somos as pessoas que melhor o defenderam na vida.

Por isso, eu te peço, Marcos, que você me dê mais uma vez a mão. Uma força. Para me erguer de onde estou e poder celebrar com meus filhos e netos mais uma grande vitória pela sua santa proteção.

Não é milagre. É fé. Trabalho. Esperança. Superação. É tudo o que o Palmeiras me ensinou. É tudo o que você deu ao Palmeiras. Quando temos pessoas como você para nos defender, com a paixão que você dedicou, com o amor que nos deliciou, sei que tudo já deu certo. Que ninguém que nos ataca vai vencer. Que só quem defende e ataca por nós será inatacável.

Seu Marcos, você pode não ser santo, mas sei que você faz milagres. Você pode não recuperar quem não está bem. Mas nunca é doente quem é Palmeiras. Sadio é quem torceu por você.

Tenho uma frase que foi reproduzida no vestiário do velho Palestra: "Explicar a emoção de ser palmeirense a um palmeirense é totalmente desnecessário. E a quem não é palmeirense... É simplesmente impossível".

Explicar a emoção de torcer por Marcos é totalmente desnecessário. E a quem não é palmeirense... meus pêsames.

Parabéns, amigo. Obrigado por tudo e por essas imagens que, mesmo vendo, a gente ainda não acredita. Mas como é Palmeiras, eu boto fé. Sempre creio no nosso time.

Até quando duvido de Deus (que é pecado), sei que temos alguém para nos salvar. Alguém para nos defender. Alguém como Marcos.

Em nome do Pai da Bola Waldemar, do Filho do Divino Ademir e do Espírito São Marcos, amém.

Joelmir Beting,
PALMEIRENSE HÁ 75 ANOS, JORNALISTA HÁ 55.

Palavra SANTA

Gente, antes de tudo, obrigado pelos milhares que compraram *Nunca fui santo*, meu livro oficial de causos. Para quem (como eu) achava que não merecia ter um livro falando da vida e da carreira, imagine a satisfação e a responsabilidade de ver tanta gente querendo ler.

Este livro de fotos será mais fácil, pois não tem tanta leitura e acredito que as imagens conseguem transmitir a intensidade de cada instante. Com esta obra assinada por este grande fotógrafo que é o Cesar Greco, espero que de alguma maneira vocês possam relembrar momentos da minha carreira, através destas imagens que passam um pouco da vida de um goleiro.

Tem fotos de defesas, de jogos, de treinos, de concentrações, de vestiários, de desconcentrações, de conquistas, de dores. Tem de tudo. Como é a vida de um atleta. Como é a vida de uma pessoa comum. Como eu sou e como sempre procurei ser.

São imagens de alegria, de tristeza, de vitórias e derrotas. Algumas fotos precisam de legendas, outras não precisam, pois já falam por si mesmas. Ainda bem que foto não tem som. Algumas delas acabariam sendo impróprias para menores de oitenta anos...

Dizem que uma imagem vale mais que mil palavras. Aqui, você vai ver centenas delas. E vai ler pouco. Porque, mesmo que fossem muitas letras, ainda não seriam suficientes para dizer tudo que tenho a agradecer ao Palmeiras, aos palmeirenses e ao que o futebol fez por mim.

Mesmo com o Cesar sendo fera, observando e registrando coisas que nem eu mesmo vi ou soube, não há como captar a imagem que carrego de todos vocês.

Obrigado por tudo. Sempre.

Marcos

Fernando Miranda

Milagres DA VIDA!

Lembro-me como se fosse hoje. Tarde de domingo. Arquibancada do Palestra Italia. Meu amado Palmeiras entrava em campo. O Palmeiras ganhou, só não lembro contra quem. Um fato em específico talvez tenha apagado minha memória do jogo.

O Marcão assumira o gol. Em meio aos cantos da torcida, antes do começo do jogo, ouvi de um descrente: "O Marcos? Não confio no Marcos". Essas palavras ficaram curiosamente marcadas na memória como um problema sem solução. Virei-me, mas não encontrei quem dissera tal sacrilégio. Não o condenaria na época – o torcedor mal sabia o que a vida havia reservado para o Marcão, para a história do Palmeiras e do futebol mundial.

O tempo passou, o Palmeiras conquistou o Estado, o Brasil e a América. Para nos defender, lá estava ele: de palmeirense a goleiro, de goleiro a santo, de santo a campeão do mundo, de campeão do mundo a uma das figuras do futebol mais amadas e idolatradas de todos os tempos.

Quanto a mim, lutei, trabalhei muito e, ainda na faculdade de jornalismo, prometi que, um dia, estaria em campo para fotografar o meu Palmeiras. Quando me dei conta, lá estava eu, fotografando o esporte que mais amo, meu objetivo de vida.

Da cobertura dos treinos e jogos do Palmeiras, observava o Marcão com o coração cheio de alegria. Eu o fotografava com o maior gosto do mundo e, às vezes, nem podia acreditar o quanto eu era privilegiado por estar no mesmo local de trabalho com o meu maior e único ídolo.

Então, fui de torcedor de arquibancada para o campo, e de profissional em campo para fotógrafo oficial do Palmeiras. Era difícil de acreditar, mas era realidade. Toda minha luta, paixão pela minha profissão e amor pelo meu Palmeiras me presentearam. E lá estava eu, dividindo a poltrona do ônibus com o Marcão, a caminho de um jogo. Sim, era mesmo verdade! Logo ali do meu lado estava o santo, minha fonte de inspiração, meu exemplo de vida.

Marcãozinho, fiz o que pude para tentar retratar a luz que você representa. Gostaria de ter feito muito mais. Tive a honra de fotografá-lo nesses seus últimos anos como atleta profissional.

Fotografei alguns dos mais emocionantes momentos, como a final do Paulista de 2008 que você conquistou, os três pênaltis defendidos contra o Sport pela Libertadores de 2009, outros três – e os últimos de sua carreira – contra o Atlético-GO pela Copa do Brasil, você comemorando com a torcida, feito criança, e a vitória da partida que completava seus quinhentos jogos. Quinhentos jogos defendendo o manto verde que você tanto honrou como profissional e torcedor. Fotografei muitos outros momentos divertidos até o seu último treino como profissional.

A você, Marcão, obrigado. Obrigado por ser uma pessoa sem igual no universo. Você me inspirou e me fez sempre acreditar que tudo é possível.

Ao Palmeiras, a quem devo meu coração por existir e gostar tanto.

À torcida palmeirense, que, de tão apaixonada, viu e fez nascer, com seu apoio incondicional, um verdadeiro ídolo.

A toda minha família, pela força, carinho e amor. À minha mãe Marina Greco. Aos meus amores Silvana Gomes e Cesinha.

Sem vocês todos, este livro seria impossível.

Viver é realmente um verdadeiro mistério... Jamais sabemos o que a vida nos prepara. Costumo dizer que o passado terá o mesmo valor que damos ao presente.

São Marcos do Palmeiras de todos os palestrinos, hoje e sempre em nossos corações... Amém!

Cesar Greco

É o melhor GOLEIRO ⋆⋆⋆⋆ do ⋆⋆⋆⋆ BRASIL!

Sociedade Esportiva Palmeiras/Arquivo

Todo grande time começa com um bom goleiro, mas esse time era uma seleção.

Semifinal da Libertadores de 1999. O meu xará Marcos André, o Vampeta, sempre me deu força. Nessa ele mandou no meu canto. Me deu um nome de santo, e daria meu primeiro título como titular.

Acho que eu peguei esse pênalti. É que foram tantos... Falando sério, foram tantos que não lembro mais. E, se está no meu livro, eu defendi!

Campeão da Libertadores de 1999. Nem precisei pegar os pênaltis contra o Deportivo Cali. Um foi na trave, e o decisivo, pra fora.

Eu estava largo em 1999. Mas estava antes e depois sempre com Ele. Deus é grande. Foi enorme comigo. Trabalho e sorte jogam no mesmo time.

Rogério Pallatta/Editora Abril

Entre 1999 e 2001 a gente mais batia pênaltis que tiros de meta no Palmeiras. Essa foi a classificação em 2000 contra o Peñarol. Mais uma vitória no Palestra!

Ricardo Correa/Editora Abril

Esse chute quem deu foi o Marcelinho Carioca, na semifinal da Libertadores de 2000. Palmeiras 5 x 4 Corinthians, nos pênaltis.

Libertadores de 2000. Palmeiras 3 x 2 Corinthians. Nos pênaltis, 5 x 4. Não ganhamos o bi contra o Boca Juniors. Mas esse jogo valeu como se fosse um título pra nós.

Ricardo Correa/Editora Abril

Time campeão do mundo em 2002. Sete vitórias em sete jogos, grandes momentos e dois grandes goleiros e amigos: Dida e Rogério Ceni.

Ricardo Correa/Editora Abril

Ronaldo, Rivaldo e Ronaldinho Gaúcho lá na frente garantiam os gols em 2002. Mas era preciso não perder no grito. E isso eu sempre fiz bem.

Ricardo Correa/Editora Abril

Também sempre tive um bom apetite. E sempre fui com fome pros jogos e pra defender a bola. Essa saída foi contra a Costa Rica, na primeira fase. 5 x 2 pra nós.

Ricardo Correa/Editora Abril

Tirando a bola da cabeça do Klose, na final contra a Alemanha. O Ronaldo fez os gols lá na frente, e nós seguramos as pontas lá atrás.

Fernando Maia/Agência O Globo

Ailton de Freitas/Agência O Globo

A honra de ser recebido pelo presidente da República em Brasília. O orgulho de receber a medalha com a camisa do meu Palmeiras.

Não são apenas 11 que ganham campeonatos. Não é apenas um camisa 12 com sorte como eu. São todos esses jogadores, membros da comissão técnica e funcionários que fizeram o campeão estadual de 2008. Nesse dia foi a maior goleada numa final de Paulistão desde 1902: 5 x 0!

Tivemos jogos muito difíceis na conquista do Paulistão de 2008. O São Paulo tinha um ótimo time na semifinal. E ainda tinha Adriano. Com a cabeça e com os pés. E até com a mão.

Foi no Palestra que fiz meu primeiro jogo oficial como profissional, em 1996. Foi na nossa casa que conseguimos meu último título, em 2008.

> Nem eu mesmo sabia se era a hora de retornar ao time titular no meio do Paulistão de 2008. Mas sei que, nessa hora de festa, todo o sacrifício valeu meu 12º título.

Velloso, meu ídolo, me entrega em setembro de 2008 uma placa pelos 400 jogos no Palmeiras, com minha filha Anna Júlia no colo. Sem mais palavras.

12 de maio de 2009. Exatos 10 anos depois dos pênaltis contra o Corinthians, pela Libertadores, defendi três pênaltis contra o Sport, na Ilha do Retiro, pela Libertadores de 2009.

Quartas-de-final da Libertadores de 2009, contra o Nacional do Uruguai. A gente merecia melhor sorte...

Goleiro bom não fica com os dedos tortos, já ensinou o professor Valdir. Mas pra ficar bom mesmo é preciso rasgar as luvas nos treinos. Vão os anéis e as luvas, mas pelo menos ficam os dedos.

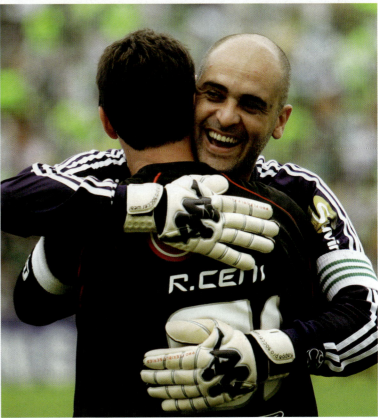

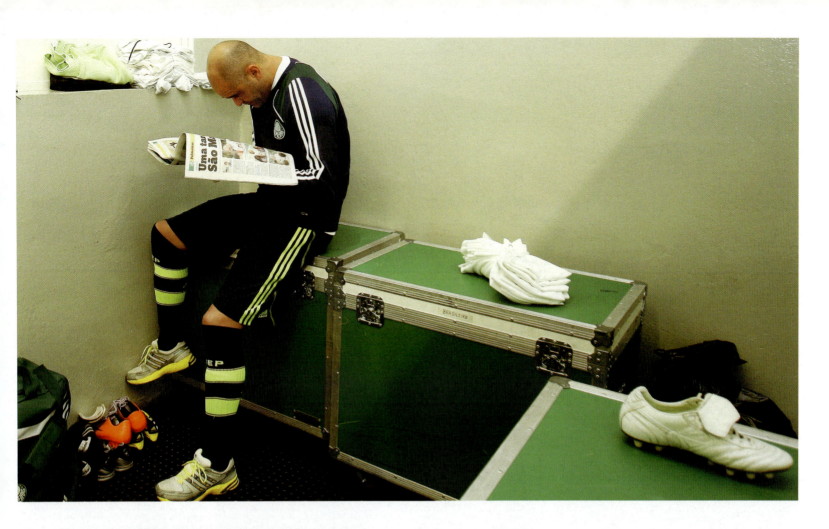

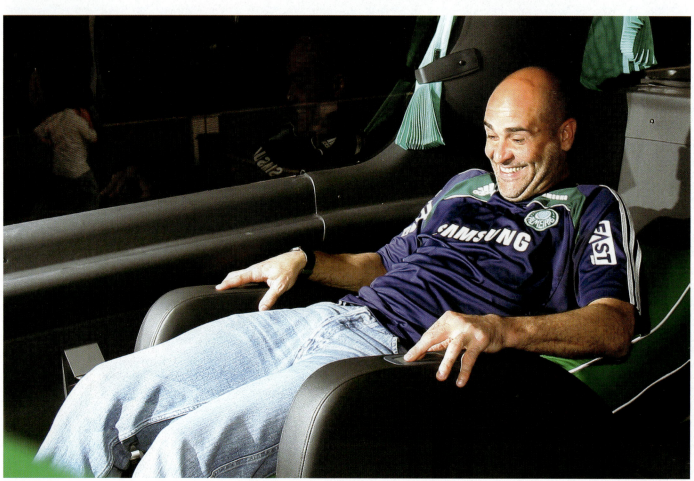

Será que esse dia estava sol? Ainda bem que o Muricy deu esse tempinho para descansar.

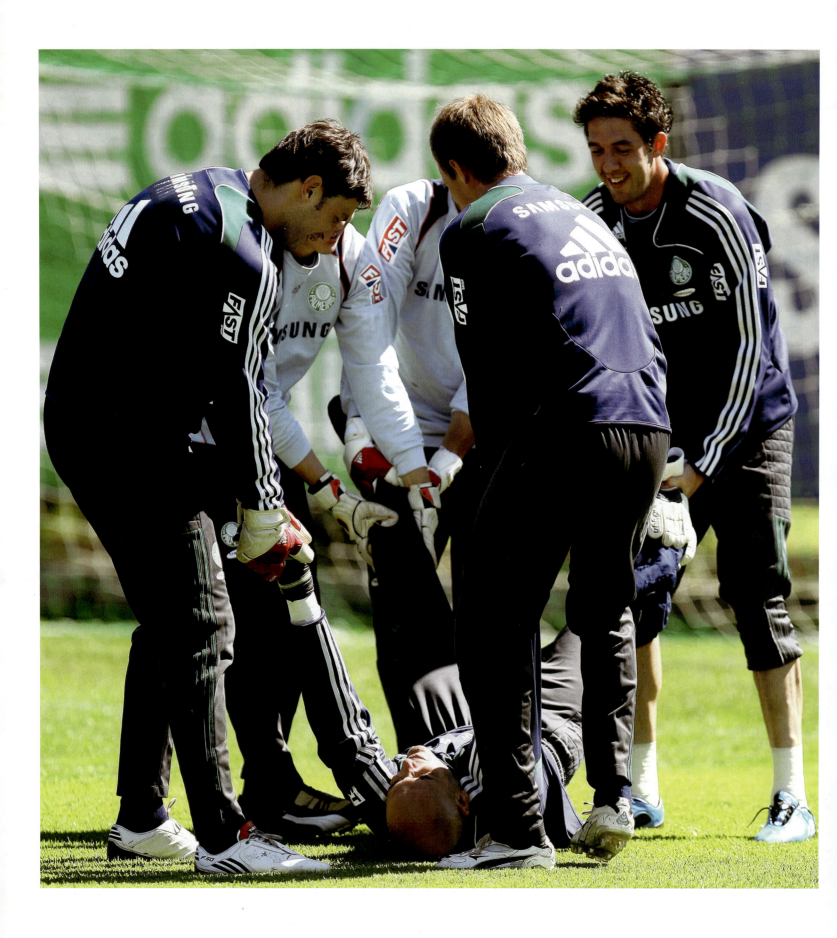

Palmeiras no Serra Dourada. Mais um jogo que perdi a conta de quantos pênaltis defendi. Sem modéstia. Afinal, não sou santo.

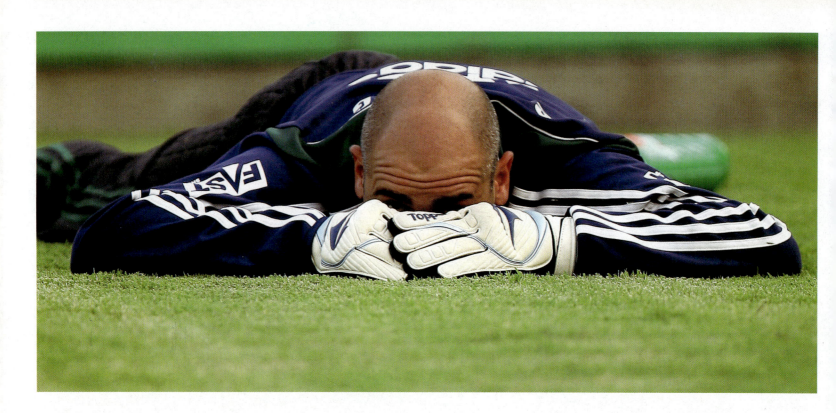

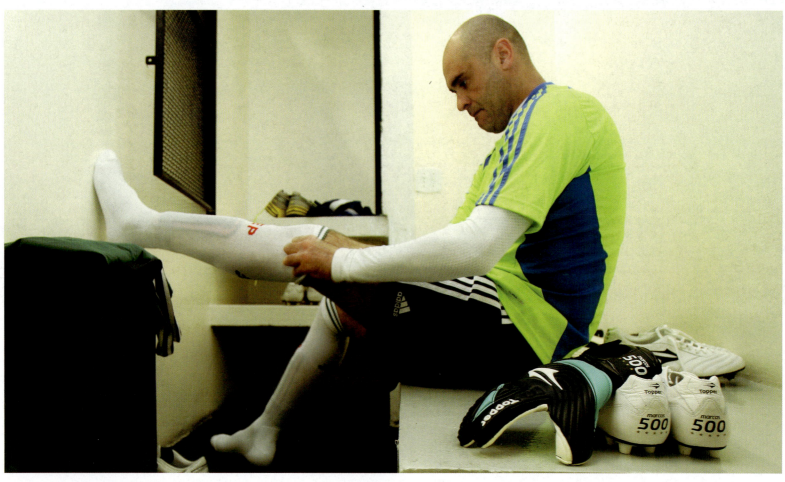

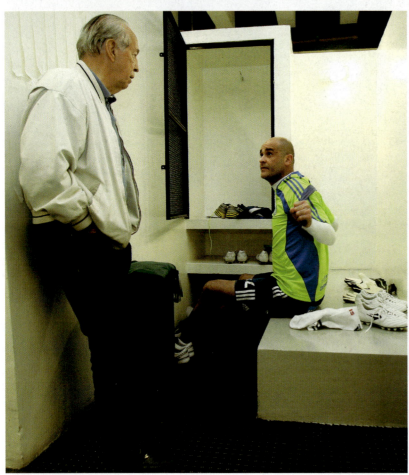

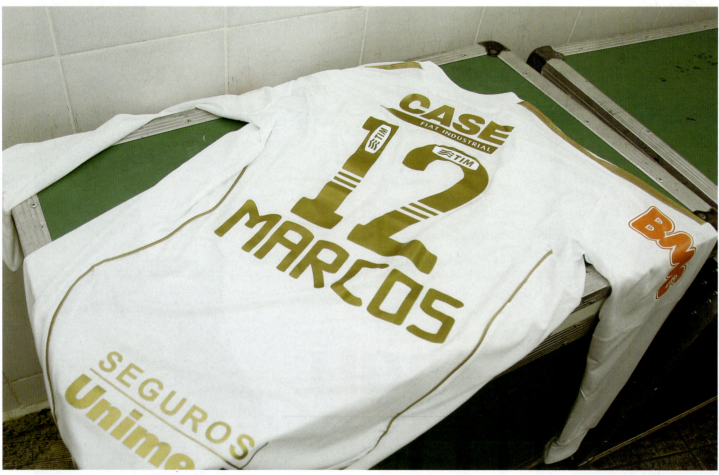

Federação Paulista de Futebol

Cartão de Identidade de Atleta

Sociedade Esportiva Palmeiras

Registro: 019102 CTRP-P Validade até: 31/12/

Atleta: Marcos Roberto Silveira Reis

Apelido: Marcos

Nascimento: 04/08/1973

Meu último cartão da Federação Paulista. Meu último contrato. Ainda bem que está escrito "Marcos" no "apelido". Podia ser coisa pior.

Levando as bolas e levando mais de 300 boladas por treino na Academia... E há quem diga que nossa vida é fácil...

Goleiro sofre sozinho na maioria das vezes. E muitas vezes se alegra sozinho também. Mas sempre que dava eu fazia festa com meu time. Azar de quem ficava por baixo!

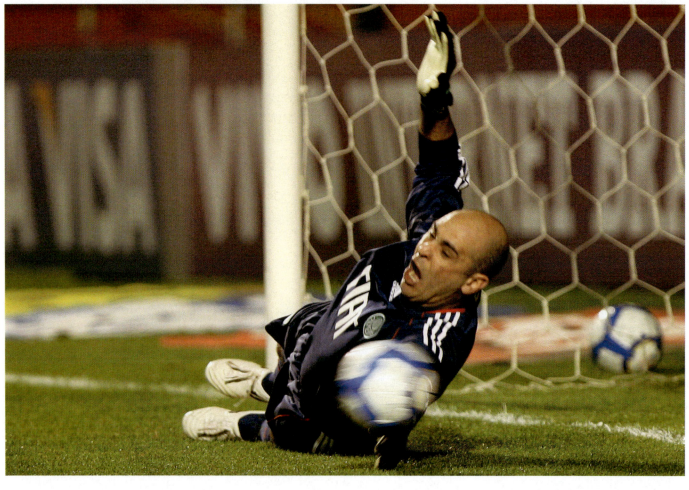

Em São Januário fizemos grandes partidas, como os 4 x 2 no Vasco, na Libertadores de 1999. Em 2011 foi diferente. Mas o agradecimento é sempre o mesmo.

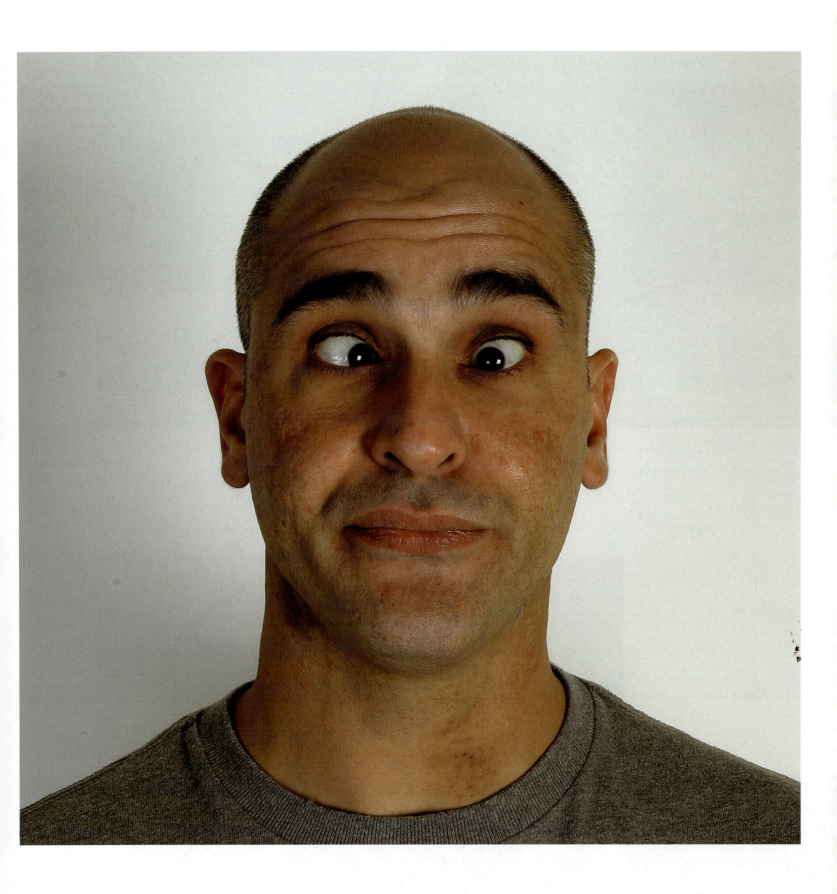

> Treinar em 4 de agosto sempre teve os seus problemas. No meu aniversário, preferia ficar em casa com a família. Não virar omelete na Academia...

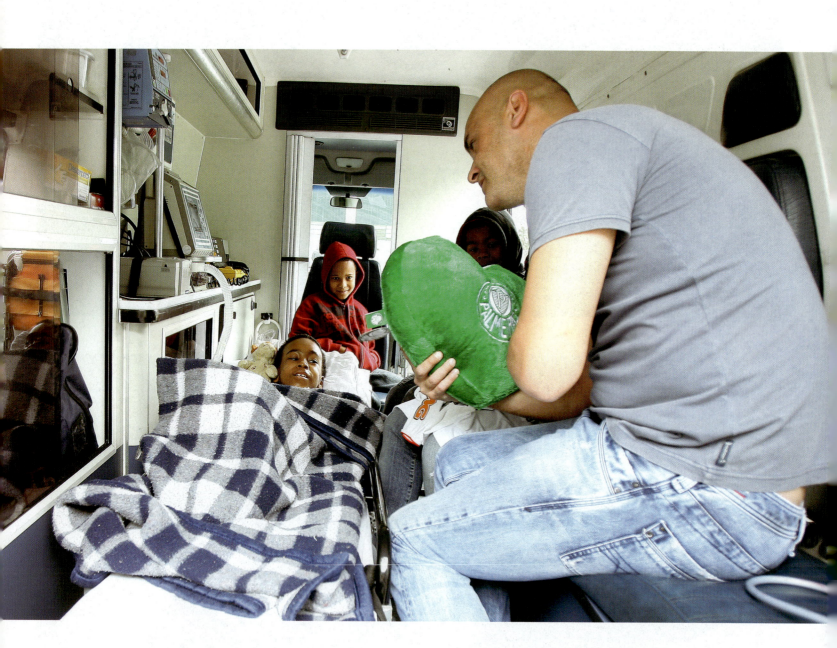

Meu último treino, no dia 3 de dezembro de 2011.

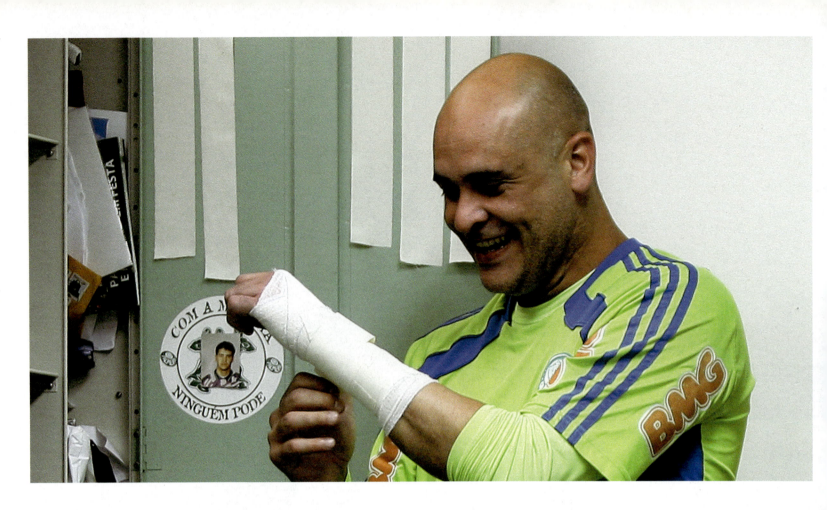

11 de janeiro de 2012. Quando anunciei que iria parar de jogar futebol pelo Palmeiras. Mas que continuaria sendo o que sempre fui: Palmeiras.

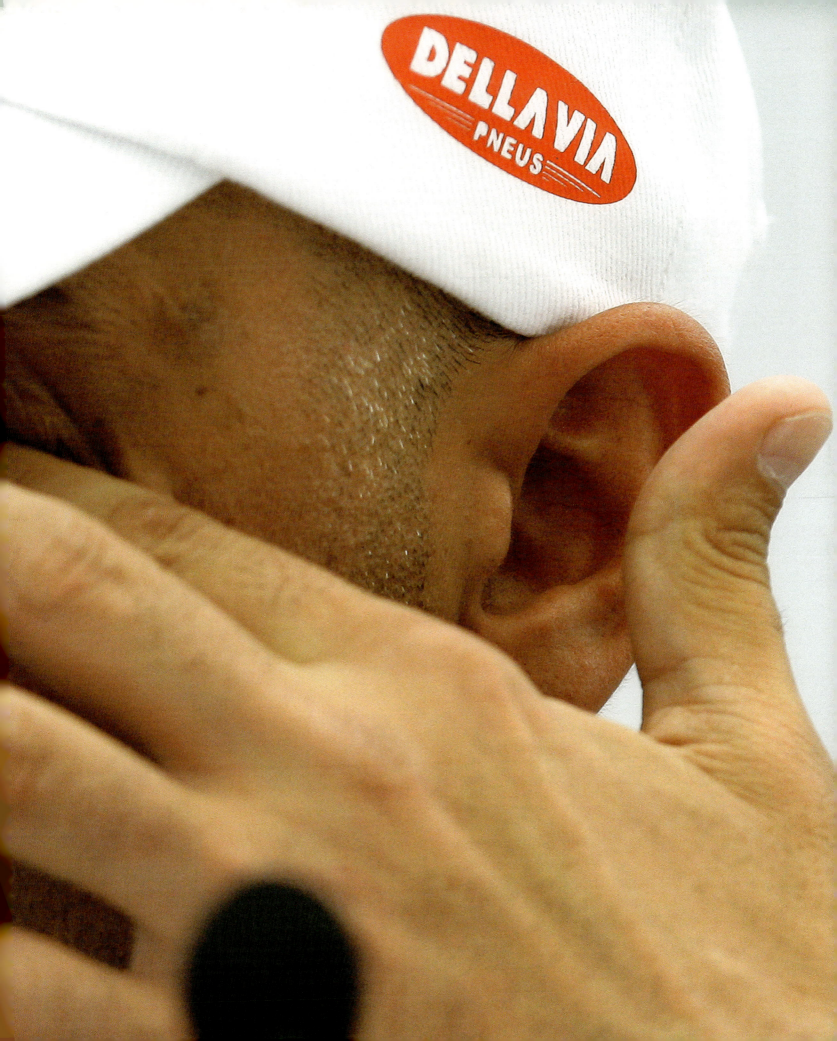

Meus parceiros goleiros. Meus amigos. Quem diz "obrigado" ao Palmeiras e a todos vocês sou eu!

Mordendo a taça da Copa do Brasil. Fiquei apenas na torcida, mas comemorei demais. Nem lembrava dessa foto!

Palavra do TORCEDOR

O Marcos representa a crença em dias melhores, superação e glórias. Representa um ídolo, capaz de ser apenas o Marcão, amigo, pai de família e torcedor. Representa, acima de tudo, a Sociedade Esportiva Palmeiras, clube que eu amo e sempre vou amar.
Fernando Zanderin Júnior (São Carlos, SP)

Marcos representa lealdade, liderança, talento e, acima de tudo, o verdadeiro amor à camisa do Palmeiras. Representa a torcida que ama o clube. Representa nossas glórias. São Marcos é feito à imagem e semelhança do Torcedor Palmeirense!
Eduardo Ferro dos Santos (Garanhuns, PE)

Muitas palavras me passaram pela cabeça para definir o que o Marcos representa: mito, herói, santo... Mas o que mais me marca é: superação. São Marcos ensinou a todos os palmeirenses que nenhum obstáculo é intransponível para quem tem força de vontade. O importante é se levantar e tentar de novo, sempre com um sorriso no rosto.
Erik Faria (Franca, SP)

Um goleiro que defendia com suas asas. Um homem que nos fez acreditar que o amor supera a dor. Que não há limites do corpo que a mente não consiga superar. Foi alvo de críticas e elogios. Amado por muitos e adorado por todos. Foi um marco. É Marcos. É Santo. É Palmeiras.
Diogenes Rodrigues de Sousa (São Paulo, SP)

Um santo sem asas. Um herói sem capa. Um rei sem coroa. Que foi capaz de fazer 15 milhões de corações felizes por quase vinte anos, usando seus braços pra nos defender, sua inteligência pra nos guiar e seu enorme coração pra nos amar.
Guilherme Tadeu Zarpelon (São Paulo, SP)

Para mim, Marcos representa um pouco de tudo. A grandeza do Palmeiras. A força da torcida que canta e vibra e, principalmente, tem amor à camisa. Além de tudo isso, rompeu a barreira entre o fanatismo e a rivalidade, ganhando a admiração de um país inteiro. Marcos não fez parte da História, ele fez a História. Obrigado por tudo, São Marcos!
Rafael Santana Carvalho Rodriges (São Caetano do Sul, SP)

O Marcos personifica o time que a gente quer: craque de conquistas inesquecíveis. Por muito tempo, ele sempre honrou a torcida. E nunca a envergonhou. Caráter reto. Tem admiração até dos maiores rivais. Um time em que predominem jogadores com esses traços é o que todo palmeirense quer. Obrigado por tudo, muita felicidade e grande abraço, São Marcos.
Douglas Claudio (São Paulo, SP)

O Marcos representa para mim uma idolatria idêntica à de um menino. Sabe quando uma criança escolhe aquele herói de desenho, ou de um filme qualquer, e se espelha nele quando brinca? O Marcos me faz viver esses momentos! Ele é a minha inspiração como pessoa. E como torcedor! Obrigado, São Marcos!
Paulo Vitor Campos Alves (Brasília, DF)

Aprendi na escola que Símon Bolívar foi o grande libertador das Américas. Em 1999, percebi que a História havia sido reescrita, e que São Marcos de Palestra Itália havia liderado bravamente os heróis alviverdes na conquista da América, trazendo alegria e felicidade a toda a nação palmeirense com o grito "Campeão da Libertadores"!
Felipe Rodrigues Martinez Basile (Mogi das Cruzes, SP)

O Marcos, para mim, representa a fé. Representa o que é crer. Quando qualquer outra crença estava perdida, toda a minha fé se depositava no Santo; quando só um milagre salvaria o meu Palmeiras. O Santo mais uma vez trazia de volta a fé e a esperança ao meu coração e ao de todos os palmeirenses, mesmo quando a razão insistia no contrário.
Jéssica Cristina da Cunha Ayancan (Osasco, SP)

Amor incondicional pelo Palmeiras. Ser Palmeirense é ser devoto do goleiro que mais orgulho trouxe para a nação alviverde. Não há precedente na História de um jogador tão admirado pelos seus adversários como Marcos, tanto por seu profissionalismo como por sua conduta em campo. Obrigado por tudo, sempre. Levarei seu exemplo de caráter pelo resto da vida!
Bruno Mendes (São Paulo, SP)

Marcos é um exemplo de garra e superação. Um ídolo dentro e fora de campo. Exemplo de caráter e humildade. Me ensinou que, pra ser o melhor, você não precisa passar por cima de ninguém. É com a sua humildade que você chega lá. Marcos é tudo pra mim. O maior exemplo de pessoa e em quem eu sempre procurarei me espelhar.
Marisa Cristina Mezzomo Aziliero (Coronel Vivida, PR)

O Marcos representa humildade, transparência, vontade e determinação. É um ser humano que comete erros e acertos, mas, acima de tudo, que carrega valores e princípios intransponíveis. O Marcos representa não só os palmeirenses, mas qualquer um que possui dignidade e que ama sua família e seus amigos. Marcos representa vitória e orgulho de ser PALMEIRAS!
Harley Rodrigues Coutinho (Ferraz de Vasconcelos, SP)

Marcos Roberto Silveira Reis é muito mais que um ídolo. Muito mais que um santo. É uma inspiração. Inspiração de caráter, honestidade e hombridade. Apesar de não querer ser exemplo para ninguém, ele é meu maior exemplo. Ele nos ensinou a amar cada vez mais o Palmeiras, mesmo nas piores situações. Por isso, levo Marcos como minha maior inspiração.
Camila Gigliotti (Extrema, MG)